Pierina
and the Wing Tailor

~~~~~~

Piérina
et le tailleur d'ailes

~~~~~~

Scan the QR code to get your **FREE** colouring pages.
Scannez le code QR pour obtenir vos pages à colorier **GRATUITES**.

Published by Antonina Novarese, Vertou, France
English / French bilingual edition
Written, translated, illustrated, designed by Antonina Novarese
First published as *Small White and the Wing Tailor* in English in 2020 by Antonina Novarese
ISBN : 978-2-902718-27-6
Édition : Antonina Novarese, 51 rue Charles Lecour, 44120 Vertou, France
Imprimé à la demande depuis novembre 2023. L'imprimeur est indiqué à la dernière page de l'ouvrage.
Loi n° 49-956 du 16 juillet 1949 sur les publications destinées à la jeunesse : novembre 2023
Dépôt légal : novembre 2023
WWW.ANTONINANOVARESE.COM

Pierina
and the Wing Tailor

Piérina
et le tailleur d'ailes

story and pictures by
Antonina Novarese
écrit et illustré par
Antonina Novarese

Antonina Novarese

Pierina had broken her wing. She went to look for
the wing tailor.

Piérina s'était cassé une aile. Elle partit chercher le
tailleur d'ailes.

On her way she saw an ant.
    "Why are you crying, dear ant?"
    "I've lost my blue berry, so I've nothing to bring home to eat!"
    "Don't cry. I'll help you."

En chemin, elle aperçut une fourmi.
    — Pourquoi pleures-tu, chère fourmi ?
    — J'ai perdu ma baie bleue, donc je n'ai rien à ramener à la maison pour manger !
    — Ne pleure pas. Je vais t'aider.

So she looked, and looked, and found one blue berry.

Alors elle chercha, chercha et trouva une baie bleue.

1

blue berry

baie bleue

"Thank you, Pierina."

"You're welcome. Do you know where to find the wing tailor?"

"I don't know, but maybe the beetle knows. Go to the two brown tree stumps, that's his home."

Pierina walked on until she saw two brown tree stumps.

— Merci, Piérina.

— De rien. Sais-tu où trouver le tailleur d'ailes ?

— Je ne sais pas, mais peut-être que le scarabée le sait. Va vers les deux souches d'arbres brunes, c'est sa maison.

Piérina continua son chemin jusqu'à ce qu'elle aperçoive deux souches d'arbres brunes.

2 brown tree stumps
souches d'arbres brunes

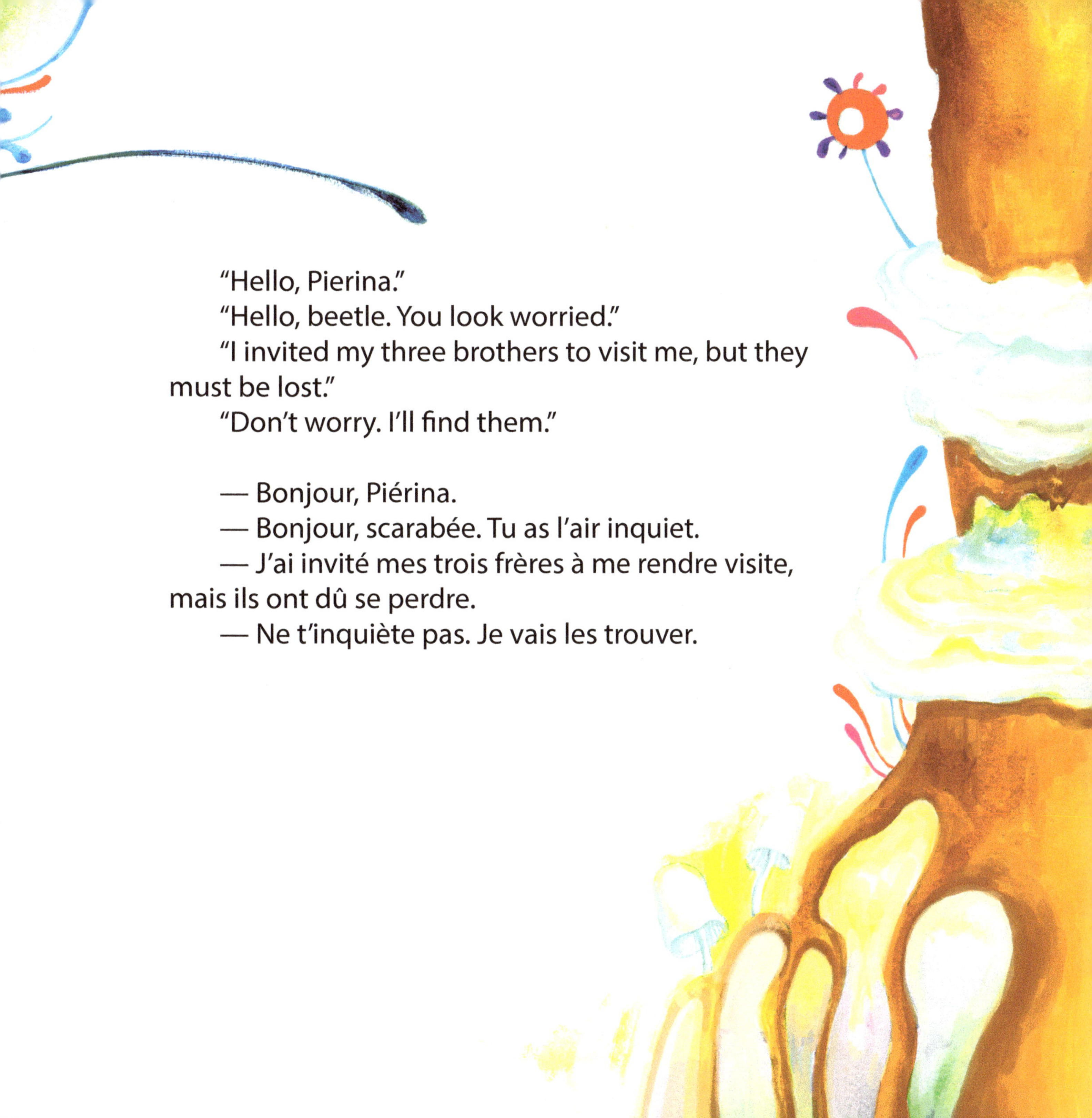

"Hello, Pierina."
"Hello, beetle. You look worried."
"I invited my three brothers to visit me, but they must be lost."
"Don't worry. I'll find them."

— Bonjour, Piérina.
— Bonjour, scarabée. Tu as l'air inquiet.
— J'ai invité mes trois frères à me rendre visite, mais ils ont dû se perdre.
— Ne t'inquiète pas. Je vais les trouver.

So she looked, and looked, and found three
black beetles.

Alors elle chercha, chercha et trouva trois
scarabées noirs.

3
black beetles
scarabées noirs

"Thank you, Pierina."
"You're welcome. I'm looking for the wing tailor."
"I don't know where to find him, but you could ask
the ladybird. Go to the four orange mushrooms, that's
where she lives."
Pierina walked on until she saw four orange
mushrooms.

— Merci, Piérina.
— Je t'en prie. Je cherche le tailleur d'ailes.
— Je ne sais pas où le trouver, mais tu peux
demander à la coccinelle. Va aux quatre champignons
orange, c'est là qu'elle habite.
Piérina continua son chemin jusqu'à ce qu'elle
aperçoive quatre champignons orange.

4
orange
mushrooms
champignons
orange

"Hello, Pierina."
"Hi, ladybird. I see you are sad."
"My five sisters are lost."
"Don't be sad. I'll find them."

— Bonjour, Piérina.
— Salut, coccinelle. Je vois que tu es triste.
— Mes cinq sœurs sont perdues.
— Ne sois pas triste. Je vais les trouver.

So she looked, and looked, and found five red ladybirds.

Alors elle chercha, chercha et trouva cinq coccinelles rouges.

5
red ladybirds
coccinelles rouges

"Thank you, Pierina. How can I help you?"
"Could you please tell me where I can find the wing tailor?"
"Oh, I don't know. But ask the grasshopper. Go to the six pink flowers, and he'll be there."
Pierina walked on until she saw six pink flowers.

— Merci, Piérina. Comment puis-je t'aider ?
— Pourrais-tu s'il te plaît me dire où je peux trouver le tailleur d'ailes ?
— Ah, je ne sais pas. Mais demande à la sauterelle. Va vers les six fleurs roses et elle sera là.
Piérina continua son chemin jusqu'à ce qu'elle aperçoive six fleurs roses.

6
pink flowers
fleurs roses

"Hi, Pierina."
"Hello, grasshopper. You seem confused."
"I've lost my seven sons. Have you seen them?"
"No, but wait. I'll search for them."

— Salut, Piérina.
— Bonjour, sauterelle. Tu as l'air confuse
— J'ai perdu mes sept fils. Les as-tu vus ?
— Non, mais attends. Je vais les chercher.

So she looked, and looked, and found
seven green grasshoppers.

Alors elle chercha, chercha et trouva sept
sauterelles vertes.

7
green grasshoppers
sauterelles vertes

"Thanks, Pierina. I see your wing is broken. Go to the eight yellow pond lilies. The wing tailor lives there. He'll help you."

So Pierina walked on until she saw eight yellow pond lilies.

« Merci, Piérina. Je vois que ton aile est cassée. Va voir les huit nénuphars jaunes. Le tailleur d'ailes y habite. Il t'aidera. »

Alors Piérina continua son chemin jusqu'à ce qu'elle aperçoive huit nénuphars jaunes.

8 yellow pond lilies
nénuphars jaunes

"Oh, I can't help you," said the wing tailor. "I've run out of cloth. Go and bring me nine violet bellflowers and ten white daisies. Then I'll see what I can do."

« Oh, je ne peux pas t'aider, dit le tailleur d'ailes. Je n'ai plus de tissu. Apporte-moi neuf campanules violettes et dix marguerites blanches. Ensuite, je verrai ce que je peux faire. »

First, Pierina found nine violet bellflowers.
Then she brought ten white daisies.

Tout d'abord, Piérina trouva neuf campanules
violettes. Puis elle apporta dix marguerites blanches.

9 violet bellflowers
campanules violettes

10
white daisies
marguerites blanches

And finally, the wing tailor made for Pierina a wing, just as beautiful as before.

Et enfin, le tailleur d'ailes confectionna pour Piérina une aile, toujours aussi belle qu'avant.